ROBERT SCHUM...

OVERTURE TO THE BRIDE OF MESSINA BY FR. V. SCHILLER

OUVERTURE ZUR BRAUT VON MESSINA VON FR. V. SCHILLER

Op. 100

Edited by/Herausgegeben von
Armin Koch

Ernst Eulenburg Ltd

London · Mainz · Madrid · New York · Paris · Prague · Tokyo · Toronto · Zürich

CONTENTS

Critical edition based on
Robert Schumann. New Edition of the Complete Works
Volume I/3
© 2013 Schott Music, Mainz
RSA 1010, ISMN 979-0-001-15592-2
Reprinted by permission

© 2014 Ernst Eulenburg & Co GmbH, Mainz
for Europe excluding the British Isles
Ernst Eulenburg Ltd, London
for all other countries

Ernst Eulenburg Ltd
48 Great Marlborough Street
London W1F 7BB

PREFACE

Robert Schumann composed altogether nine complete works for orchestra with the title 'overture'. On his own initiative most of these were also performed and published independently or were at least destined for performance and publication. The majority specifically feature in the title an extra-musical subject or a musical reference. Special cases constitute the early attempt *Ouverture et Chor* of 1822/23 (*RSW* Appendix I9, not published by Schumann) and the *Ouverture, Scherzo und Finale* Op.52. The latter is the only overture without specific external reference.

Three of the overtures are connected with larger works: the opera *Genoveva* Op.81, *Manfred* Op.115, referred to by Schumann as a 'Dramatic Poem', together with the *Scenen aus Goethes Faust* ['Scenes from Goethe's Faust'] (WoO 3, posthumously published). The composer himself had also had the overtures for *Genoveva* (originated in 1847, published in 1850) and *Manfred* (originated in 1848, published in 1852) published and performed as autonomous works, both of which he had composed in advance of the rest of each respective work. In this regard there are no specific references for the *Faust-Scenen* overture, the last section of that work to be composed. Three further overtures composed within merely a year are handed down without reference to a larger work – as is also the *Fest-Ouverture mit Gesang über das Rheinweinlied* ['Festival Overture with Song on the Rhine Wine Lied'] Op.123 – and are thus to be viewed purely as concert overtures. Two of them preceded, in fact, deliberations for composing an opera or *Liederspiel* (*Ouverture zur Braut von Messina von Fr. v. Schiller* ['Overture to the Bride of Messina by Fr. v. Schiller'] Op.100, composed at the end of 1850/start of 1851, published in 1851, and *Ouverture zu Goethes Hermann und Dorothea* ['Overture to Goethe's *Hermann and Dorothea*'], composed at the end of 1851, published posthumously as Op.136). No other kinds of musical sources are known, however, to supplement the overtures. For the *Ouverture zu Shakespeares Julius Cäsar* ['Overture to Shakespeare's Julius Caesar'] Op.128 (composed in spring 1851, published in 1854/55) no such deliberations are documented. The *Rheinweinlied* overture differs categorically from the other overtures since it – composed as a Festival Overture for the Lower Rhenish Musical Festival in 1853 – belongs to another genre.

A diary entry of Clara Schumann's about her husband stems from the period when the overture to the *Braut von Messina* was composed:[1] 'The idea to write overtures to several of the most beautiful tragedies had so excited him that his genius again overflowed with music.' In the so-called *Düsseldorfer Merkbuch*, Schumann recorded besides a longer series of tragedies, also – as he wrote in a letter[2] – a list for a 'cycle of overtures':[3] as numbers 1–4 are those to *Genoveva*, *Braut von Messina*, *Julius Cäsar* and *Manfred*. Limiting the subject of the 'cycle' to tragedies was never explicitly suggested, and hence Schumann could later add as number 5 the overture to *Hermann und Dorothea*. The plan though was not realised.

On the Present Work

The *Ouverture zur Braut von Messina von Fr. v. Schiller* has not in fact been transmitted within the context of a larger work, but originated from deliberations on the composition of an

[1] Berthold Litzmann, *Clara Schumann. Ein Künstlerleben. Nach Tagebüchern und Briefen*, Vol.II: *Ehejahre 1840–1856* (Leipzig ,⁶1920), 259

[2] Schumann's letter to C.F.Peters, 24 March 1851, Heinrich-Heine-Institut, Düsseldorf; Accessions-No.: *91.5045/1*. Schumann's correspondence with Peters is published in: *Briefwechsel Robert und Clara Schumanns mit Leipziger Verlegern III*, eds. Petra Dießner, Irmgard Knechtges-Obrecht and Thomas Synofzik (Cologne, 2008: *Schumann Briefedition*, III/3).

[3] *Robert Schumann. Düsseldorfer Merkbuch,* Robert-Schumann-Haus, Zwickau; Archives-No.: *4871,VII,C,7–A3*, 7

opera. Richard Pohl – writer on music, translator and composer – had suggested to the composer in a letter of 14 October 1850[4] Friedrich Schiller's *Braut von Messina* as subject matter for a 'modern' opera. Schumann notated the overture draft in the final days of 1850, wrote out the autograph score directly following and completed it on 12 January 1851. Two months later, on 13 March 1851, the overture was premiered in the Geisler Hall in Düsseldorf, about which the music journal *Signale für die musikalische Welt* reported in April.[5] This first review already picked out the work's literary reference as a central theme, if only briefly and without becoming very concrete, but refrained from a more extensive assessment concerning its impact. The report of 24 May in the *Rheinische Musik-Zeitung* turned out to be, on the other hand, considerably more evocative and at the same time passionately for Schumann and siding with his composition:[6]

The first half was opened by Schumann's brilliant overture to Schiller's 'Braut von Messina', at all events, one of his most magnificent compositions. Straightaway the first bars flash here like lightning swords. Wild passions are unleashed: like the sea around Sicily's rocks surge the tones; then milder moonlight befalls it, cloister-like: we feel Beatrice's love; it intensifies and augments the fraternal feud; with fiery torches and hissing snakes the Furies chase through the fate-charged royal hall: ruin thunders down, and at once an admonition to the gods solemnly closes the whole. With power and fire this energetically expressive tone painting was realised by our splendid orchestra and was received by most of the listeners with astonishment at such hardly suspected power in Schumann. –

The reviewer conceded, however, that at first hearing Schumann's music was not comprehensible – a topos of the work's subsequent

contemporary reception history. In Schumann's lifetime the overture for the *Braut von Messina* was still repeatedly performed.

Schumann had already initiated publication with C.F.Peters, Leipzig, shortly after he finished his manuscript score at the beginning of 1851. The work's score, orchestral parts and piano arrangements for two and four hands still appeared in the same year. Nevertheless, it can be gathered from the 'Print Book' of C.F.Peters,[7] that the size of the first issue, as well as also the number and size of later issues of this overture, was clearly smaller than in the case of *Genoveva*. Then, Peters no longer even accepted for publication Schumann's next offered overture, that to *Julius Cäsar*.

Editorial Notes[8]

On 24 March 1851 Schumann sent the engraver's models of the score, orchestral parts and the piano arrangement for two hands to C.F.Peters. The publishing house sent Schumann proofs of the three editions on 11 September 1851; he returned them on 26 September 1851. Relevant for the present edition are the extant sources:

AP   Autograph score
Düsseldorf, 3–12 January 1851
A-Wgm; siglum: *A 291* (Johannes Brahms's estate)
Provenance: Brahms had received the autograph in 1855 from Schumann as a birthday present.
The manuscript comprises in a half-cloth binding the title-page as well as 43 folios whose music text is written on 78 pages. Glued to the front outside cover is a label with the title inscribed in ink *Rob. Schumann / Ouverture zu Schillers / Braut von Messina. / Autograph.*, as well as a siglum label of the archives of the Gesellschaft der Musikfreunde in Vienna.

4 *Robert Schumann, Verzeichnis der empfangenen und abgesandten Briefe*, Robert-Schumann-Haus, Zwickau; Archives-No.: *4871,VII,C,10–A3*, there: *Empfangene Briefe* ['Letters Received'], No.4025
5 *Signale*, Vol.9, No.15 [recte: No.14], 3 April 1851, 131f.
6 Anon., 'VIII. Concert, oder, wie das Programm besagte: "Concert des Herrn M.-D. Dr. R. Schumann.'", in: *Rheinische Musik-Zeitung für Kunstfreunde und Künstler*, Vol.1, No.47, 24 May 1851, 372–374, quotation, 373
7 Sächsisches Staatsarchiv, Leipzig, siglum: *Peters Nr. 5157*
8 See on this in detail the 'Critical Report' of the Complete Edition volume, RSA I/3, 262–293

Fastened on the front endpaper with sealing wax is a folio of writing paper. The folio is folded once; on the first page thus created, performances of the *Genoveva* overture Op.81 are recorded by Schumann. Unfolded on end, the folio contains Schumann's

'Comments for the engraving of the score of the overture.

The score for the Genoveva overture is to be taken as a model.

The piccolo-flute must be on a separate stave, likewise the cello.

The trombones must be on two staves, and in fact the bass trombone on one, and both the others on one, – the latter are to be written in the tenor clef.

Abbreviations are to be avoided, permitted only in the cello, when it is with the contrabass.

The 1st parts in the wind instruments are always stemmed upwards, the 2nd always stemmed downwards; where a part rests, it must be indicated by a special rest.'

A second endpaper is glued to the title-page of the manuscript and contains on the recto, below at the right, the dedication to Johannes Brahms written in medium-brown ink: 'Welcome to May 1st, / Johannes, accept the score / With love. Are you a / May child? / Your / Robert.'

Brahms's birthday was 7 May.

Title page: *Ouverture / zu / Schiller's Braut von Messina / für / grosses Orchester. / Op. 100. / R. Schumann. / Zum erstenmal Düsseldorf d. 13ten März 1851. / Unter J. Rietz in Leipzig im Nov. 1851. / " " F. Liszt in Weimar im Nov. 1851.* The caption title on page 1 reads: *Ouverture zur Braut von Messina von Schiller*, the dating at the end: *Düsseldorf, den 12ten Januar / 1851. / R. Schumann.* The manuscript contains a number of Schumann's corrections. Thus several layers can be established.

Located in AP are layout numbers in an unknown hand, which, however, do not match the layout of OAP. AP therefore cannot have been the engraver's model. More likely, it is marking for a copy that served as engraver's model.

OAO Original edition of the orchestral parts
C. F. Peters, Leipzig, October/November 1851
Plate number: 3436
Title-page shown is only on one Violin I part: *OUVERTURE / ZU / SCHILLERS / Braut von Messina / FÜR / grosses Orchester / von / ROBERT SCHUMANN. / OP. 100. / Eigenthum des Verlegers. / Eingetragen in das Vereins-Archiv. / LEIPZIG, / IM BUREAU DE MUSIQUE VON C. F. PETERS. // [left:] LONDON, / J. J. EWER & C.º // [centre:] PARIS, / BRANDUS & C.º// [right:] S.ᵀ PETERSBURG / M: BERNARD // Ent.ᵈ Sta. Hall. // [left:] Für Orchester / Pr. 2 Thlr. 20 Ngr. // [centre:] Für Pianoforte / zu 2 Händen / Pr. 15 Ngr. // [right:] Zu 4 Händen / Pr. 25 Ngr. // 3436.*
In various journals the published edition was advertised from 23 October 1851 – according to the price given (2 Thalers 20 Neugroschen), it is the set of orchestral parts OAO.[9] On 6 November 1851 C. F. Peters sent Schumann specimen exemplars of the score OAP, orchestral parts OAO and the piano arrangement for two hands.[10]

OAP Original edition of the score
C. F. Peters, Leipzig, October/November 1851
Plate number: 3450
Title-page: *OUVERTURE / zur / Braut von Messina / von / FR. v. SCHILLER /*

---

[9] *Signale*, Vol.9, No.43, 23 October 1851, 383; *Neue Zeitschrift für Musik*, Vol.35, No.17, 24 October 1851, 180; *Neue Berliner Musik-Zeitung*, Vol.5, No.44, 29 October 1851, 350; *Hofmeister Monatsbericht*, Vol.23 or 4th Issue, Vol.8, No.11, November 1851, 230; *Berliner Musik-Zeitung Echo*, Vol.1, No.44, 2 November 1851, 344

[10] *Korespondencja Schumanna*, Schumann's collection of letters sent to him, in the Biblioteka Jagiellońska, Cracow, Poland, Vol.24, No.4327

FÜR / großes Orchester / componirt / von / ROB. SCHUMANN. / Op. 100. PARTITUR   Pr. 1 Thlr 5 Ngr. / Eigenthum des Verlegers. / Eingetragen in das Vereins-Archiv / LEIPZIG / IM BUREAU DE MUSIQUE / von / C. F. PETERS. // [left:] *LONDON, / bei J. J. Ewer & C.º* // [centre:] *PARIS, / BRANDUS & C.º* // [right:] *S.ᵀ PETERSBURG, / M: BERNARD. // Ent.ᵈ Sta. Hall. / 3450.*

Music text, pp.1–48. The first advertisement of the score OAP appeared in 1851 in the December edition of the *Hofmeister Monatsbericht*.[11] Already on 6 November 1851 C. F. Peters had sent Schumann specimen exemplars of the score OAP, orchestral parts OAO and the piano arrangement for two hands.

Schumann's *Ouverture zur Braut von Messina von Fr. v. Schiller* Op.100 appeared in print then at his instigation in his lifetime in the form of corrected original editions OAP, OAO as well as the piano arrangements for two and four hands. Hence, for the orchestral version, OAP and OAO – especially with respect to phrasing, articulation and possibly dynamic details – constitute the main sources of the present edition. In the source comparison they prove to be reliable for the most part, however, in each case non-uniform internally in several places or from one to the other. For clarification of such passages, only the autograph score AP can be consulted for comparison, since the engraver's models for score [SVP] and parts [SVO] are not extant. This is not unproblematical in that several differences in readings between OAP/OAO and AP can be traced back neither to changes in the galley proofs nor to independent (and unremarked) corrections by Schumann and/or errors of the publishing house. This suggests that Schumann revised the engraver's models [SVP] and [SVO], although in AP there

are already a number of indications probably as reminders to transfer corresponding revisions into the one or several other sources. These changes are completely realised in OAP and OAO.

The present edition, following the editorial guidelines of the New Schumann Edition, is hence based on the text of the original edition of the score OAP and (especially concerning phrasing, articulation and if applicable also dynamic markings) the original edition of the parts OAO as main sources. The two sources show in several points non-uniformities each internally or from one to the other. For clarification the autograph score AP was consulted as applicable for clarification. In fact, discrepant readings in AP are as a rule viewed in comparison with main sources OAP/OAO as variants which were revised in the engraver's models [SVP] and [SVO] or in the galley proofs. However, from time to time this is not unambiguous and cannot be clarified with final certainty, since these sources are lost. Hence, AP was included as reference source in the reporting. Editorial emendations are indicated in the music text by [ ] or broken lines (for slur placement); other interventions and problematic places are documented in the following report offering an excerpt from the 'Editorial Notes' of the respective volume of the Complete Edition.

For two parts written on one stave in the sources (e.g., Ob.), slurs, stemming and/or articulation markings are, as typical of the time, mostly notated only once. Corresponding signs are as a rule added tacitly in the present edition. Doubled stemming for the individual parts on one stave is also not consistently implemented. Triplet signs appear, sometimes with a slur, sometimes with two slurs. Single slurs notated with triplet numbers were interpreted as grouping slurs and given within brackets in the edition only in unclear cases.

In the score as well as also in the parts, (de-)crescendo hairpins sometimes end just before the succeeding note; the overall length and also parallel parts show as a rule that the (de-)crescendo should still obtain for these notes, but

---

[11] Friedrich Hofmeister, et al. [ed.], *Musikalisch-Litterarischer Monats-Bericht neuer Musikalien, musikalischer Schriften und Abbildungen* [...] (Leipzig, 1839ff., here: Vol.23 or 4ᵗʰ Issue, Vol.8, No.12, December 1851), 234

for the same place span in the bar the hairpin is slightly displaced in single parts. Therefore, such places were standardised without comment. Apart from this, *(de-)crescendo* hairpins as well as other dynamic details are repeatedly placed non-uniformly in OAP and OAO.

In OAP *staccato* signs are always engraved as *staccato* dots, in OAO mostly as *staccatissimo* wedges, in AP without exception they are notated by strokes rather than by dots. Since it can be inferred from some individual places, particularly in AP, that there may be a differen-

tiated use that was not clearly taken into consideration in OAP and OAO, the edition goes back when applicable to AP and annotates the places accordingly.

Bar numbers and part information given in parentheses indicate that the bars or parts at the passage given in AP are not written out, but their content is determined by references to information outside the parentheses.

Armin Koch
Translation: Margit L. McCorkle

VORWORT

Von Robert Schumann sind insgesamt neun vollständig komponierte, als Ouvertüren betitelte Werke für Orchester überliefert. Die meisten davon sind auf seine Initiative hin zumindest auch eigenständig aufgeführt und veröffentlicht worden oder waren immerhin für Aufführung und Veröffentlichung vorgesehen. Mehrheitlich weisen sie im Titel ausdrücklich ein außermusikalisches Sujet bzw. einen musikalischen Bezug auf. Sonderfälle bilden der frühe Versuch *Ouverture et Chor* von 1822/23 (RSW Anhang I9, von Schumann nicht veröffentlicht) und *Ouverture, Scherzo und Finale* op. 52. Letzteres ist das einzige Ouvertüren-Werk ohne explizit äußerlichen Bezug.

Drei der Ouvertüren entstammen größeren Werkzusammenhängen: der Oper *Genoveva* op. 81, dem von Schumann als „Dramatisches Gedicht" bezeichneten *Manfred* op. 115 sowie den *Scenen aus Goethes Faust* (postum veröffentlicht, WoO 3). Die Ouvertüren zu *Genoveva* (entstanden 1847, gedruckt 1850) und *Manfred* (entstanden 1848, gedruckt 1852), die Schumann beide vor den übrigen Teilen des jeweiligen Werkes komponiert hatte, ließ der Komponist selbst auch als eigenständige Werke drucken und aufführen, für die – als letzter Teil des Werks entstandene – Ouvertüre zu den *Faust-Scenen* gibt es diesbezüglich keine ausdrücklichen Hinweise. Drei weitere, innerhalb nur eines Jahres entstandene Ouvertüren sind – wie auch die *Fest-Ouvertüre mit Gesang über das Rheinweinlied* op. 123 – ohne größeren Werkzusammenhang überliefert, also als reine Konzertouvertüren anzusehen. Zwar gingen zweien davon Überlegungen zu einer Opern- bzw. Liederspielkomposition voraus (*Ouverture zur Braut von Messina von Fr. v. Schiller* op. 100, entstanden Ende 1850/Anfang 1851, gedruckt 1851, und *Ouverture zu Goethes Hermann und Dorothea*, entstanden Ende 1851, postum als op. 136 veröffentlicht). Es sind jedoch keinerlei musikalische Quellen bekannt, die die Ouvertüren ergänzen würden. Für die *Ouverture zu Shakespeares Julius Cäsar* op. 128 (entstanden Frühjahr 1851, gedruckt 1854/55) sind keine solchen Überlegungen dokumentiert. Die *Rheinweinlied*-Ouvertüre unterscheidet sich grundsätzlich von den übrigen, da sie als *Fest-Ouvertüre* – komponiert für das Niederrheinische Musikfest 1853 – einer anderen Gattung angehört.

Aus der Zeit der Komposition der Ouvertüre zur *Braut von Messina* stammt ein Tagebucheintrag Clara Schumanns über ihren Mann:[1] „Die Idee, zu mehreren der schönsten Trauerspiele Ouvertüren zu schreiben, hat ihn so begeistert, daß sein Genius wieder von Musik übersprudelt." Im sogenannten *Düsseldorfer Merkbuch* hielt Schumann neben einer langen Reihe von Trauerspielen auch eine Liste für die Idee eines – wie er in einem Brief schrieb[2] – *Cyklus der Ouvertüren* fest:[3] als Nummern 1–4 die zu *Genoveva*, *Braut von Messina*, *Julius Cäsar* und *Manfred*. Für den *Cyklus* war nie ausdrücklich von einer Beschränkung auf Trauerspiele als Sujets die Rede und so konnte Schumann später als Nummer 5 die Ouvertüre zu *Hermann und Dorothea* hinzufügen. Der Plan wurde jedoch nicht verwirklicht.

Zum vorliegenden Werk

Die *Ouverture zur Braut von Messina von Fr. v. Schiller* ist zwar nicht in einem größeren Werkzusammenhang überliefert, entstand jedoch im Rahmen von Überlegungen zur Komposition einer Oper. Richard Pohl – Musikschriftsteller,

[1] Berthold Litzmann, *Clara Schumann. Ein Künstlerleben. Nach Tagebüchern und Briefen*, Bd. II: *Ehejahre 1840–1856*, Leipzig ⁶1920, S. 259.
[2] Brief Schumanns an den Verlag C. F. Peters, 24. März 1851, Heinrich-Heine-Institut, Düsseldorf; Akzessions-Nr.: *91.5045/1*. Schumanns Briefwechsel mit dem Verlag ist gedruckt in: *Briefwechsel Robert und Clara Schumanns mit Leipziger Verlegern III*, hg. von Petra Dießner, Irmgard Knechtges-Obrecht und Thomas Synofzik, Köln 2008 (*Schumann Briefedition*, III/3).
[3] *Robert Schumann. Düsseldorfer Merkbuch*, Robert-Schumann-Haus, Zwickau; Archiv-Nr.: *4871,VII,C,7–A3*, S. 7.

Übersetzer und Komponist – hatte dem Komponisten in einem Brief vom 14. Oktober 1850[4] Friedrich Schillers *Braut von Messina* als Grundlage einer „modernen" Oper vorgeschlagen. Den Entwurf der Ouvertüre notierte Schumann in den letzten Tagen des Jahres 1850, die autographe Partitur schrieb er direkt im Anschluss aus und beendete sie am 12. Januar 1851. Zwei Monate später, am 13. März 1851, wurde die Ouvertüre im Geislerschen Saal in Düsseldorf uraufgeführt, worüber die Musikzeitung *Signale für die musikalische Welt* Anfang April berichtete.[5] Schon diese erste Rezension thematisierte, wenn auch nur knapp und ohne sehr konkret zu werden, den literarischen Bezug des Werks, verzichtete aber auf eine weitergehende Wertung hinsichtlich der Wirkung. Wesentlich plastischer und zugleich leidenschaftlich für Schumann und seine Komposition Partei ergreifend fiel dagegen der Bericht der *Rheinischen Musik-Zeitung* vom 24. Mai aus:[6]

Den ersten Theil eröffnete Schumann's geniale Ouvertüre zu Schillers „Braut von Messina", jedenfalls eine seiner grossartigsten Compositionen. Gleich die ersten Takte zucken herein wie blitzende Schwerter. Wilde Leidenschaften sind entfesselt: wie das Meer um Siciliens Klippen branden die Töne; dann bricht milder Mondschein herein, klösterlich: wir fühlen Beatricens Liebe; die mehrt und steigert den Bruderzwist; die Erinnyen jagen mit Fackelbrand und Schlangenzischen durch die schicksalbedräute Fürstenhalle: das Verderben donnert herab, und gleich einer Mahnung an die Götter schliesst feierlich das Ganze. Mit Kraft und Feuer wurde dies energisch ausdrucksvolle Tongemälde von unserm trefflichen Orchester ausgeführt und vom grössten Theil der Hörer mit Staunen über solche bei Schumann fast ungeahnte Gewalt aufgenommen. –

Der Rezensent räumte jedoch ein, dass Schumanns Musik beim ersten Hören nicht ohne Weiteres verständlich sei – ein Topos der folgenden zeitgenössischen Rezeptionsgeschichte des Werks. Zu Schumanns Lebzeiten wurde die Ouvertüre zur *Braut von Messina* noch mehrfach aufgeführt.

Die Veröffentlichung im Leipziger Verlag C. F. Peters hatte Schumann schon kurz nach Beendigung seiner Partiturhandschrift Anfang 1851 in die Wege geleitet. Noch im gleichen Jahr erschienen Partitur, Orchesterstimmen und Klavierauszüge zu zwei und zu vier Händen des Werks. Allerdings geht aus dem *Druck Buch* des Verlags C. F. Peters[7] hervor, dass sowohl die erste Auflagenhöhe als auch die Zahl sowie die Höhe der Nachauflagen dieser Ouvertüre deutlich geringer waren als bei der zu *Genoveva*. Peters nahm dann auch Schumanns als nächstes angebotene Ouvertüre, die zu *Julius Cäsar*, nicht mehr in Verlag.

Revisionsbericht[8]

Am 24. März 1851 schickte Schumann die Stichvorlagen der Partitur, der Orchesterstimmen und des Arrangements für Klavier zu zwei Händen an C. F. Peters. Der Verlag sandte Korrekturfahnen der drei Ausgaben am 11. September 1851 an Schumann, der sie am 26. September 1851 revidiert zurückschickte. Für die vorliegende Ausgabe relevante überlieferte Quellen:

AP   Autographe Partitur
Düsseldorf, 3.–12. Januar 1851
A-Wgm; Sign.: *A 291* (Nachlass Johannes Brahms)
Provenienz: Brahms hatte das Autograph 1855 von Schumann als Geburtstagsgeschenk erhalten.
Das Manuskript umfasst in einem Halbleineneinband das Titelblatt sowie 43 Blätter, der Notentext ist auf 78 Seiten geschrieben. Auf dem vorderen Einbanddeckel sind außen ein mit Tinte beschriftetes Titeletikett *Rob. Schumann / Ouverture zu Schillers / Braut von Messina.*

---

4 *Robert Schumann, Verzeichnis der empfangenen und abgesandten Briefe*, Robert-Schumann-Haus, Zwickau; Archiv-Nr.: *4871, VII, C, 10–A3*, dort: *Empfangene Briefe*, Nr. 4025.
5 *Signale*, 9. Jg., Nr. 15 [recte: Nr. 14], 3. April 1851, S. 131f.
6 Anon., „VIII. Concert, oder, wie das Programm besagte: ‚Concert des Herrn M.-D. Dr. R. Schumann.'", in: *Rheinische Musik-Zeitung für Kunstfreunde und Künstler*, 1. Jg., Nr. 47, 24. Mai 1851, S. 372–374, Zitat S. 373.
7 Sächsisches Staatsarchiv, Leipzig, Sign.: *Peters Nr. 5157*.
8 Siehe dazu ausführlich den *Kritischen Bericht* des Gesamtausgaben-Bandes RSA I/3, S. 262–293.

/ *Autograph.* sowie ein Signaturetikett des Archivs der Gesellschaft der Musikfreunde in Wien aufgeklebt.

Auf dem vorderen Vorsatz ist mit Sigellack ein Blatt Schreibpapier befestigt. Das Blatt ist einmal gefaltet; auf der dadurch entstandenen ersten Seite sind von Schumann Aufführungen der *Genoveva*-Ouvertüre op. 81 notiert. Entfaltet hochkant enthält das Blatt Schumanns *Bemerkungen zum Stich der Partitur der Ouverture.*

Die Partitur zur Genovevaouverture ist zum Muster zu nehmen.

Die Piccoloflöte muß auf ein besonderes System, desgleichen die Violoncellstimme[.]

Die Posaunen müssen auf zwei Systeme, u. zwar die Baßposaune auf eines, u. die beiden andern auf eines, – die letzteren sind im Tenorschlüssel zu schreiben.

Abbreviaturen sind zu vermeiden, nur im Violoncell, wenn es mit dem Contrabaß geht, zulässig.

Die 1sten Stimmen in den Blasinstrumenten sind immer aufwärts, die 2ten immer abwärts zu schwänzen; wo eine Stimme pausirt, muß es durch besondere Pausen angezeigt werden.

Ein zweites Vorsatzblatt ist an das Titelblatt des Manuskripts angeklebt und enthält auf der Rectoseite rechts unten die mit mittelbrauner Tinte geschriebene autographe Widmung an Johannes Brahms: *Willkommen zum 1sten Mai, / Johannes, nimm sie liebend an, / die Partitur. Bist Du ein / Maikind? / Dein / Robert.* Brahms' Geburtstag war der 7. Mai.

Titelblatt: *Ouverture / zu / Schiller's Braut von Messina / für / grosses Orchester. / Op. 100. / R. Schumann. / Zum erstenmal Düsseldorf d. 13ten März 1851. / Unter J. Rietz in Leipzig im Nov. 1851. / " " F. Liszt in Weimar im Nov. 1851.* Der Kopftitel auf S. 1 lautet: *Ouverture zur Braut von Messina von Schiller*, die Datierung am Ende: *Düsseldorf, den*

12ten Januar / 1851. / R. Schumann. Das Manuskript enthält eine Reihe von Korrekturen Schumanns. Dabei sind mehrere Schichten festzustellen.

In AP finden sich Dispositionszahlen von fremder Hand, die jedoch nicht mit der Aufteilung von OAP übereinstimmen. AP kann demnach nicht Stichvorlage gewesen sein. Vielmehr handelt es sich wohl um Markierungen für eine Abschrift, die als Stichvorlage diente.

OAO   Originalausgabe der Orchesterstimmen C. F. Peters, Leipzig, Oktober/November 1851

Plattennummer: 3436

Nur eine Vl. I-Stimme weist ein Titelblatt auf: *OUVERTURE / ZU / SCHILLERS / Braut von Messina / FÜR / grosses Orchester / von / ROBERT SCHUMANN. / OP. 100. / Eigenthum des Verlegers. / Eingetragen in das Vereins-Archiv. / LEIPZIG, / IM BUREAU DE MUSIQUE VON C. F. PETERS. //* [links:] *LONDON, / J. J. EWER & C.º //* [mittig:] *PARIS, / BRANDUS & C.º//* [rechts:] *S.ᵀ PETERSBURG / M: BERNARD // Ent.ᵈ Sta. Hall. //* [links:] *Für Orchester / Pr. 2 Thlr. 20 Ngr. //* [mittig:] *Für Pianoforte / zu 2 Händen / Pr. 15 Ngr. //* [rechts:] *Zu 4 Händen / Pr. 25 Ngr. // 3436.*

In verschiedenen Journalen wurde die Druckausgabe ab dem 23. Oktober 1851 angezeigt – dem angegebenen Preis (2 Taler 20 Neugroschen) zufolge handelte es sich dabei um die Orchesterstimmen OAO.[9] Am 6. November 1851 schickte C. F. Peters Freiexemplare von OAP, OAO und Klavierarrangement zu zwei Händen an Schumann.[10]

---

[9] *Signale*, 9. Jg., Nr. 43, 23. Oktober 1851, S. 383; *Neue Zeitschrift für Musik*, 35. Bd., Nr. 17, 24. Oktober 1851, S. 180; *Neue Berliner Musik-Zeitung*, 5. Jg., Nr. 44, 29. Oktober 1851, S. 350; *Hofmeister Monatsbericht*, 23. Jg. oder 4. Folge, 8. Jg., Nr. 11, November 1851, S. 230; *Berliner Musik-Zeitung Echo*, 1. Jg., Nr. 44, 2. November 1851, S. 344.

[10] *Korespondencja Schumanna*, Schumanns Sammlung an ihn gerichteter Briefe in der Biblioteka Jagiellońska, Kraków, Polen, Bd. 24, Nr. 4327.

OAP Originalausgabe der Partitur
C. F. Peters, Leipzig, Oktober/November 1851
Plattennummer: 3450
Titelblatt: *OUVERTURE / zur / Braut von Messina / von / FR. v. SCHILLER / FÜR / großes Orchester / componirt / von / ROB. SCHUMANN. / Op. 100. PARTITUR Pr. 1 Thlr 5 Ngr. / Eigenthum des Verlegers. / Eingetragen in das Vereins-Archiv / LEIPZIG / IM BUREAU DE MUSIQUE / von / C. F. PETERS. //* [links:] *LONDON, / bei J. J. Ewer & C.º //* [mittig:] *PARIS, / BRANDUS & C.º //* [rechts:] *S.ᵀ PETERSBURG, / M: BERNARD. // Ent.ᵈ Sta. Hall. / 3450.* Notentext S. 1–48. Die erste Anzeige der Partitur OAP erschien 1851 in der Dezember-Ausgabe von *Hofmeisters Monatsbericht.*[11] Bereits am 6. November 1851 hatte C. F. Peters Freiexemplare von OAP, OAO und Klavierarrangement zu zwei Händen an Schumann geschickt.

Schumanns *Ouverture zur Braut von Messina von Fr. v. Schiller* op. 100 ist auf seine Veranlassung hin zu seinen Lebzeiten in Form der von ihm korrigierten Originalausgaben OAP, OAO sowie der Klavierauszüge zu zwei und vier Händen im Druck erschienen. Für die Orchesterfassung bilden daher OAP und insbesondere im Hinblick auf Phrasierung, Artikulation und ggf. auch dynamische Angaben OAO die Hauptquellen der vorliegenden Edition. Im Quellenvergleich erwiesen sie sich als größtenteils zuverlässig, jedoch an einigen Stellen jeweils in sich oder untereinander uneinheitlich. Zur Klärung solcher Stellen kann nur die autographe Partitur AP vergleichend herangezogen werden, da die Stichvorlagen für Partitur [SVP] und Stimmen [SVO] nicht erhalten sind. Dies ist insofern nicht unproblematisch, da einige Lesarten-Unterschiede zwischen OAP/OAO und

AP wohl weder auf Änderungen in den Korrekturfahnen noch auf von Schumann unabhängige (und unbemerkte) Korrekturen bzw. Fehler des Verlags zurückzuführen sind. Das spricht dafür, dass Schumann die Stichvorlagen [SVP] und [SVO] revidiert hat, obwohl bereits in AP eine Reihe von Zeichen wohl als Erinnerung daran steht, entsprechende Revisionen in eine oder mehrere andere Quellen zu übertragen. Diese Änderungen finden sich in OAP und OAO vollständig umgesetzt.

Der vorliegenden Ausgabe, die den Editionsrichtlinien der Neuen Schumann-Gesamtausgabe folgt, liegen daher der Text des Partitur-Originaldrucks OAP und besonders hinsichtlich Phrasierung, Artikulation und ggf. auch dynamischen Angaben der Originalausgabe der Stimmen OAO als Hauptquellen zugrunde. Die zwei Quellen weisen in einigen Punkten jeweils in sich oder untereinander Uneinheitlichkeiten auf. Zur Klärung wurde gegebenenfalls die autographe Partitur AP vergleichend herangezogen. Zwar sind abweichende Lesarten in AP gegenüber den Hauptquellen OAP/OAO in der Regel als Varianten anzusehen, die in den Stichvorlagen [SVP] und [SVO] oder den Korrekturfahnen revidiert wurden. Doch ist dies mitunter nicht eindeutig und kann nicht mit letzter Sicherheit geklärt werden, da diese Quellen verschollen sind. Daher wurde AP als Referenzquelle in die Berichterstattung einbezogen. Ergänzungen des Herausgebers sind im Notentext durch [ ] bzw. Strichelung (bei Bogensetzung) kenntlich gemacht; andere Eingriffe und problematische Stellen sind im folgenden Bericht dokumentiert, der einen Auszug aus dem Revisionsbericht des Gesamtausgaben-Bandes bietet.

Bei zwei Stimmen, die in den Quellen in einem System geführt sind (z. B. Hob.), sind Bögen, Hälse bzw. Artikulationszeichen zeittypisch meist nur einmal notiert. Entsprechende Zeichen sind in der vorliegenden Edition in der Regel stillschweigend ergänzt. Auch die doppelte Halsung bei geteilten Stimmen ist nicht konsequent durchgeführt. Triolenzeichen erscheinen z. T. mit einem Bogen, z. T. mit zwei Bögen. Einzelne, zur Triolenziffer notierte Bögen

---

[11] Friedrich Hofmeister, et al. [Hg.], *Musikalisch-Litterarischer Monats-Bericht neuer Musikalien, musikalischer Schriften und Abbildungen* [...], Leipzig 1839ff., hier: 23. Jg. oder 4. Folge, 8. Jg., Nr. 12, Dezember 1851, S. 234.

wurden als Gruppenbögen aufgefasst und in der Edition nur in missverständlichen Fällen als Klammer wiedergegeben.

Sowohl in der Partitur als auch in den Stimmen enden (De-)Crescendo-Gabeln teilweise knapp vor der Folgenote; die Länge insgesamt und in der Regel auch Parallelstimmen zeigen, dass das (De-)Crescendo noch für diese Noten gelten soll, aber bei gleicher Breite der Ort im Takt in den einzelnen Stimmen leicht verschoben ist. Daher wurden solche Stellen ohne Bemerkung vereinheitlicht. Darüber hinaus sind (De-)Crescendo-Gabeln sowie andere dynamische Angaben in OAP und OAO mehrfach uneinheitlich gesetzt.

In OAP sind Staccato-Zeichen immer als Staccato-Punkte, in OAO meist als Staccatissimo-Keile gestochen, in AP sind sie durchweg eher durch Striche als durch Punkte notiert. Da einzelne Stellen vor allem in AP auf einen differenzierten Gebrauch schließen lassen, der in OAP und OAO nicht eindeutig berücksichtigt wurde, wurde ggf. auf AP zurückgegriffen und die Stellen entsprechend kommentiert.

In runden Klammern angegebene Taktzahlen und Stimmenangaben zeigen an, dass die Takte oder Stimmen an der angegebenen Stelle in AP nicht ausgeschrieben sind, sondern ihr Inhalt durch Verweise auf die außerhalb der Klammern stehenden Angaben bestimmt ist.

Armin Koch

Einzelanmerkungen

Takt(e)	Stimme(n)	Anmerkung
9, 15	V.-Trp.	OAP und OAO: mit Staccato-Punkten; in der Edition nicht berücksichtigt, da offenbar auf einem Missverständnis beruhend: in AP ohne Staccato-Zeichen: letzte Gruppe in Abbreviatur (versehentlich ♪ mit vier Punkten für die Auflösung) notiert, ebenso T. 15
12–13	Fl. 1	AP: Legato-Bogen T. 12, 2.–3. ZZ, und T. 13, 1.–3. ZZ OAP, OAO: Legato-Bogen T. 12, 2. ZZ–T. 13, 1. ZZ, und T. 13, 1.–3. ZZ [sic]
13–15	Vl. II	AP, OAP, OAO: *cresc.* eher zu 2. ZZ
18–19	Vl. II	OAP, OAO: mit Bogen für ♭b¹–as¹; in AP Haltebogen aus a. corr. ♩♪♩♪ g¹ bei Korrektur versehentlich nicht gestrichen und so wohl in die Orchesterstimmen, die Stichvorlagen und damit in OAP und OAO als Bogen übernommen; in der Edition nicht berücksichtigt
39	Pos. 3	AP: nicht beschrieben; OAP, OAO: ‾ ; in der Edition angeglichen an Parallelstelle T. 198 (dort in AP ausgeschrieben) und übrige Instrumente
43 (202)	Va.	AP, OAP, OAO: 1. Note mit nur einem Hals ohne Hinweis auf Teilung; lediglich ein zweiter Notenhals für 4. ZZ in AP deutet darauf, dass die 1. Note und wie in OAP und OAO angegeben T. 40–42 (199–201) geteilt zu spielen sind
51 (210)	Picc.	OAP, OAO: g² statt g³; dies erscheint nicht plausibel, da Fl. laut Anweisung in AP über T. 51 *Mit kleiner Flöte*; Fl. in T. 81 mit Oktavierungsanweisung *8ᵛᵃ* eine Oktave tiefer notiert ist, aber ohne Hinweis, dass dies nicht für Picc. gelten solle; in OAP und OAO möglicherweise aus spieltechnischen Gründen nicht oktaviert, da erster Einsatz der Picc.
61, 220, 222	Fg.	AP: ohne *sf*; OAP: *sf* unter dem System, für beide Stimmen geltend; OAO: beide Stimmen mit *sf*; in der Edition *sf* analog Vc., Cb. und Umgebung nur für Fg. 1 gesetzt
70	Va.	AP, OAP, OAO: 2. ZZ 𝄾; ♩ ♭fes¹ in der Edition ergänzt analog T. 229; vgl. auch Hob. 1
83–87, 242–246	Clar. 1, Fg. 1	AP, OAP, OAO: die Edition übernimmt die Bogensetzung aus den Quellen, obwohl sie in den zwei Stimmen nicht einheitlich ist und die Parallelstellen voneinander abweichen AP: Bogen T. 242–243 und T. 244 statt T. 242–244
93–94	Fl. 1	Bogensetzung nicht eindeutig; in AP bis Ende T. 96 noch Colla-parte-Vermerk *c. Viol. I. in 8ᵛᵃ* aus T. 92 gültig, jedoch mit Bogen über T. 93, 2. Takthälfte–Ende T. 94, entsprechend T. 252–253; die Edition folgt OAP und OAO, da eine unbeabsichtigte Abweichung von AP wohl nicht in beiden Fällen unbemerkt geblieben wäre; die Variante aus AP scheint jedoch im Blick auf Hob. 1 und Clar. 2 ebenfalls plausibel

95–98	Fl. 1	OAP: Bogen T. 95, 1. Note–T. 96, letzte Note, und T. 97, 1. Note–T. 98, letzte Note; OAO: Bogen T. 95, 2. Note–T. 97, 1. Note, und T. 97, 2. Note–T. 98, letzte Note; AP: bis Ende T. 96 noch Colla-parte-Vermerk *c. Viol. I. in 8va* aus T. 92 gültig, dazu Bogen über T. 95–96 sowie T. 97, 2. Note–T. 98, letzte Note; die Edition folgt OAO mit Einschluss von T. 95, 1. Note, unter den ersten Bogen, vgl. T. 254–257
97	alle	AP, OAP, OAO: Dynamik aus den Quellen nicht eindeutig bestimmbar; überwiegend als < > notiert, ebenso T. 256, mitunter aber auch als —< >— lesbar; vgl. T. 125–128 und T. 256 sowie die zugehörigen Anmerkungen
	Fl. 1	OAO: ohne < >
	Hob. 1	OAO: mit —< >— für ganzen Takt statt < >
	Vl. I	OAO: mit —< >— zu 2.–4. Note statt < >
100, 102	Clar. 1, Fg. 1	AP, OAP, OAO: nicht eindeutig, ob es sich um < > oder —< >— zur 1. Note handelt
113	Vc.	AP, OAP: 1. Note B; in der Edition OAO folgend und aufgrund der parallelen Stimmführung mit Fg. und Va. als des gesetzt
	Cb.	AP: 2.–8. Taktachtel einstimmig mit Vc. notiert, ohne Hinweis, dass die Tremolostriche nur für Vc. gültig wären; die Edition folgt OAP und OAO
125–128	alle	AP, OAP, OAO: Geltungsdauer und Funktion der dynamischen Angaben von Streichern und Fg. in OAP und OAO aufgrund des eng gestochenen Taktes nicht eindeutig bestimmbar; in AP bei 3. ZZ (T. 125, 127) bzw. 4. ZZ (T. 126, 128) notiert; unter Umständen auch als —< >— lesbar, da relativ breit angelegt; vgl. T. 97 und 256 sowie die zugehörigen Anmerkungen; T. 125, 127 Fg. jeweils als ⌣♩°⌣ statt ⌣♩♩⌣ notiert, T. 125–128 Vl. I jeweils als ° mit zwei Tremolostrichen
139	V.-Trp.	OAP, OAO: 2. Takthälfte (notiert) f¹/f¹–f¹/f¹; in der Edition korrigiert entsprechend AP
145–148	Clar. 1	AP: Bogen T. 145 und T. 146–148; OAO: Bogen taktweise, dabei Bogen T. 147 mit offenem Anfang nach Systemumbruch; die Ausgabe folgt OAP mit Blick auf Hob. 1 und T. 153–156 (dort stimmt die Bogensetzung in allen Quellen überein)
160	Vc./Cb.	AP: 2. Takthälfte weiterhin einstimmig notiert, ohne Hinweis, dass Tremolostriche und Sechzehntelbalken nur für Vc. gültig; die Edition folgt OAP und OAO
164–165	(Fl.)	AP: T. 164, letzte Note, und 165, erste Note: kein Hinweis auf Oktavierung für Fl. 2, da noch der Colla-parte-Vermerk *c. Ob. in 8va* gilt
201–203	Pos. 1, 2, Vl. I	AP: T. 201, 4. ZZ, mit Staccato-Strich; T. 202, 4. ZZ, Pos. 1, 2 mit Staccato-Strich; OAO Pos. 2: T. 201–203 jeweils mit

		Staccato-Punkt; die Edition folgt OAP, da weder AP noch OAO eine kohärente Artikulation aufweisen
220, 222	Fg.	AP: ohne *sf*; OAP: mit *sf* unter dem System, für beide Stimmen geltend; OAO: mit *sf*; in der Edition *sf* analog Vc., Cb. und Umgebung nur für Fg. 1 gesetzt
252–253	Fl. 1	Bogensetzung nicht eindeutig; in AP bis Ende T. 255 noch Colla-parte-Vermerk *c. Viol. I. in 8va* aus T. 251 gültig, jedoch mit Bogen über T. 252, 2. Takthälfte–Ende T. 253, entsprechend T. 93–94; die Edition folgt OAP und OAO, da eine unbeabsichtigte Abweichung von AP wohl nicht in beiden Fällen unbemerkt geblieben wäre; die Variante aus AP scheint jedoch im Blick auf Hob. 1 und Clar. 1 ebenfalls plausibel
256	alle	AP, OAP, OAO: Dynamik aus den Quellen nicht eindeutig bestimmbar; überwiegend als < > notiert, ebenso T. 256, mitunter aber auch als ⊏⊏ ⊐⊐ lesbar; vgl. T. 97 und T. 125–128 sowie die zugehörigen Anmerkungen
	Fl. 1	OAO: mit ⊏⊏ ⊐⊐ von 2. ZZ bis Taktende statt < >
	Clar. 1	OAO: mit ⊏⊏ ⊐⊐ für 2. Takthälfte statt < >
	Vl. I	OAO: mit ⊏⊏ ⊐⊐ zu 2.–4. Note statt < >
258–261	Fg. 2	AP, OAP, OAO: Bogen durchgehend; in der Edition analog Vc. und Cb. gesetzt
269	Vl. I	OAP, OAO: mit *f* zu 7. Taktachtel; in der Edition nicht berücksichtigt, da *f* in den übrigen Stimmen (auch T. 270) jeweils zum Staccato des auftaktigen Quartsprungs gesetzt und daher wohl eher als Akzent zu verstehen ist (AP: Vl. I ohne *f*)
271–273	Vc., Cb.	AP: einstimmig notiert, ohne Hinweis, dass Tremolostriche und Sechzehntelbalken nur für Vc. gültig wären; in der Edition OAP und OAO folgend gesetzt
277–278	Va.	AP: T. 277, 2. und 3. Note einfach gehalst; OAO: durchgehend einfach gehalst; in der Edition wurde die getrennte Halsung aus OAP beibehalten, obwohl in keiner Quelle ein ausdrücklicher Hinweis *geteilt* oder *divisi* vorhanden ist
280	Fg.	AP, OAO: *f* statt *f sf*; OAP: *sf* statt *f sf*
	V.-Hn.	AP, OAP: *sf* statt *f sf*; OAO: *f* statt *f sf*

OVERTURE
to the Bride of Messina by Fr. v. Schiller

Robert Schumann
(1810–1856)
Op. 100

*) Anmerkung des Herausgebers: Die originale Halsung wurde beibehalten, getrennt gehalste Abschnitte in den Streicherstimmen sollen *getheilt* gespielt werden, einfach gehalste als Doppel- bzw. Mehrfachgriffe. / Editorial comment: The original stemming was retained; separately stemmed sections in the string parts are to be played 'divisi', singly stemmed are to be played as double and / or multiple stops.

No. 1136   EE 7157

Edited by Armin Koch
© 2014 Ernst Eulenburg Ltd, London
and Ernst Eulenburg & Co GmbH, Mainz

8

10

12

32

34

Fine